AF273663

Emilio López Medina

LAS MIRADAS A LA VIDA
Antología esencial

Edició y selección de José Luis Trullo

Introducción de Javier Recas

Colección Sénior, 4

1ª ed., mayo de 2026

Una iniciativa de Cypress Cultura

ISBN: 979-13-87504-27-4
Depósito legal: SE 1274-2026

Thema: QDTQ

IMPRESO EN LA UNIÓN EUROPEA

ÍNDICE

Introducción

SIETE MONSTRUOS NOS ACECHAN

Emilio López Medina es uno de los filósofos españoles contemporáneos más comprometidos con la concisión expresiva. No sólo cultiva el fragmento y el aforismo desde casi el inicio de su trayectoria, sino que, además, lo hace con el convencimiento de su extraordinario valor filosófico y literario.

En sus obras combina el aforismo con el fragmento, (nada le preocupan las fronteras entre los géneros literarios) formando una malla de relaciones entre ellos que convierten sus libros en ensayos de textos breves concadenados. Esta selección que el lector tiene en sus manos se centra en sus aforismos, que podríamos considerar la esencia misma de la reflexión de López Medina. Con un estilo sobrio, declarativo, ajenos a elementos líricos o lúdicos, sus aforismos son netamente filosóficos, donde reflexiona sobre todo cuanto preocupa intelectualmente al ser humano.Nacen de un relámpago intuitivo, fruto de la experiencia y la observación de la vida, para después afinarlo y pulirlo persiguiendo la máxima claridad, precisión y elegancia expresiva.

López Medina es un escritor prolijo, de obra extensa. Aunque ha escrito una obra teatral (*Faustino*, merecedora del Segundo Premio «Plaza Mayor» de la Casa de España en París, 1984), y una novela (*Así reía Saturnino*, 2020), el eje central de su obra es, sin lugar a dudas, la reflexión aforística. En torno a ella ha construido su heptalogía titulada *Las siete betias* (su proyecto filosófico fundamental), una meditación sobre los grandes elementos que, considera, mueven al ser humano y le constituyen: *El dolor* (2011), *La ambición* (2017), *La ignorancia* (2019), *La diversión* (2021), *El sexo* (2022), *La soledad*

(2025) y *El temor* (pendiente de publicación). A este ciclo aforístico hay que añadir otros libros de aforismos sobre diferentes temas: *Pensamientos del que está de visita* (2000), *69 aforismos porno & 96 aforismos antisexistas* (2015), El arte jovial (2018), *Del amor y todo lo que le es propio* (2018), *Pensamientos (mínimos) de un escéptico en materia de filosofía* (2018), *La verdad de la belleza* (2021), *El mundo que se abre. 99 aforismos sobre filosofía* (2022), *Luego serás mejor que joven. 99 aforismos sobre la vejez* (2023)...

En los aforismos de López Medina se percibe el pálpito filosófico de su larga experiencia vital y también a la inversa, se adivina una vida profundamente imbuida de filosofía. Por ello, sus aforismos y fragmentos son testimonio de su búsqueda incesante de saber, por parcial y provisional que reconozca su naturaleza. Escribe aforismos porque siente la imperiosa necesidad de expresar lo que siente y piensa de la vida (para él, ambas cosas están indisolublemente unidas). "Estar pensando es estar sintiendo", afirma. Un pensar que no puede obviar la larga tradición que tenemos detrás, por ello, con frecuencia, conversa con ella en sus reflexiones, comentarios, apostillas, reinterpretaciones, discrepancias… como acreditan algunos de los aforismos aquí seleccionados.

López Medina no es sólo uno de nuestros más veteranos cultivadores del género aforístico, ejerce también de manera brillante la reflexión sobre el mismo. Convencido defensor de la escritura fragmentaria, subraya la necesidad de no confundirla con una reflexión fragmentada. No es casual que encabezara su libro *La ignorancia* con la siguiente frase de Nietzsche: "¿De modo que creéis estar ante una obra fragmentaria simplemente porque se os presenta en fragmentos?". Tras esta consideración hay más de lo que parece a primera vista. La escritura fragmentaria parte de la ruptura intencionada con toda pretensión de completitud, frente al sistema, persigue atesorar nuestras gemas de discontinua lucidez, y algo fundamental: el carácter artístico de la filosofía. Para él el aforismo es, en efecto, una forma artística de filosofía: "El aforismo es la filosofía que no quiere renunciar a ser arte", nos dice.

Hay en la obra de López Medina una concepción compleja de la razón. Si, por una parte, ve en ella a la gran dama de la filosofía, capaz de otorgar sentido al mundo, por otra, es consciente de sus límites y de la necesidad de que nuestra razón se sienta implicada (co-implicada) con las emociones. Para él, la ignorancia es ya una forma de sabiduría. En realidad, es el núcleo mismo de la más auténtica sabiduría, la que, consciente de sus límites, nos impulsa a avanzar hacia cada nueva pregunta que surge. Todo interrogante presupone cierto saber, el que se necesita para identificar el problema o para generar la duda. Este presupuesto constituye los cimientos de la verdadera actitud filosófica, grabado a fuego desde aquel famoso emblema de la modestia socrática: "sólo sé que no se nada". Nuestro autor reflexiona desde esta actitud de autenticidad filosófica que siempre pone en juego el ejercicio incesante de la búsqueda, del anhelo (*philos*) en detrimento del *sophos*, porque no hay sabiduría asegurada. Búsqueda más que hallazgo. En realidad, sólo tanteamos: "El hombre es grande por lo que busca, pobre por lo que encuentra y absurdo por lo que hace". Indagamos como niños sorprendidos, apenas balbucimos, porque las palabras, bien lo sabe nuestro autor, se quedan siempre cortas, desbordadas por el fulgor de la experiencia: "La palabra es sólo sombra del pensamiento". Un verdadero estigma para el animal simbólico que somos, siempre obligados a manejarnos con ellos. Este aforismo lo expresa con claridad: "Estamos condenados a deambular por entre un bosque de símbolos".

Pero la ignorancia que defiende López Medina como referente filosófico no es, obviamente, la corriente estupidez, sino la "docta ignorancia" cusana, como sabia actitud ante nuestras limitaciones, "un estado de ánimo ante el problema", un modo de afrontar el mundo. Aunque la conciencia que lo acompaña sea amarga, porque no deja de mostrarnos sólo atisbos, y su aprehensión sea con frecuencia surrealista, es también una conciencia apasionada y lúcida. Nuestro autor está con aquellos que, como Sócrates o Gracián, afirman que la reflexión siempre merece la pena, es más, que es la única manera auténtica de vivir: "La grandeza del hombre está en que es la única voz que puede alzarse –incluso lamentándose, protestando– desde las tinieblas, desde el sinsentido del mundo. Y, más allá, tratando de conocer y combatir el dolor en que está sumido".

Son numerosos los textos en los que habla el autor del orden surrealista del mundo y del absurdo; no en vano, es uno de los focos de su obra: "El orden en su conjunto es absurdo porque es un orden surrealista", "Mientras más se avanza en el conocimiento, curiosamente ocurre que, en lugar de un mayor realismo, más se adentra en el delirio sobre la realidad". Esta percepción no se ciñe sólo a las posibilidades cognoscitivas de nuestra humilde condición humana, enfrentada a la titánica tarea de alcanzar la verdad, se extiende a todo: a nuestros anhelos, proyectos, relaciones humanas… Ante ello, no ganamos nada invocando a Dios como respuesta al sinsentido del mundo, al fin y al cabo, considera, él es "el ente más surrealista". La incertidumbre, la lúcida ignorancia que asume López Medina no puede sino desembocar, consecuentemente, en un escepticismo, muy presente en toda su obra: "A veces me pregunto si la debilidad es el resultado del escepticismo, o el escepticismo el resultado de la debilidad", "El escepticismo es la expresión más quintaesenciada del respeto a sí mismo y el trato más elegante con la verdad"...

Las limitaciones del conocimiento humano que venimos apuntado, tienen, sin embargo, una vía de acceso a la verdad, oculta y sutil, ajeno a la argumentación: el arte. Nuestro autor ha compuesto numerosos aforismos sobre la belleza en distintas obras, fundamentalmente en *La verdad de la belleza* y en *El arte jovial*. Su tesis es que la belleza no tiene sólo una función estética, también se encuentra en ella la sede de la auténtica verdad, como ya vieron Schopenhauer o Nietzsche, porque en la belleza se dan la mano razón y emoción, exterioridad e interioridad. En el arte se desvela una verdad que compensa y sustituye a la que no podemos atrapar en el mundo material. La sensibilidad estética es, en realidad, una forma, tal vez la única, de alcanzar ese elevado grado de conocimiento que denominamos sabiduría. "La Naturaleza oculta lo mejor a fin de que el hombre lo descubra haciendo arte". El arte es para él un modo de "conocer creando", una forma de unir el ser y el deber-ser en un todo coherente, armonioso y gratificante: "Crear... La gran redención de la necesidad". Pero también en el arte, para López Medina, anida en lo más profundo, una forma de moral: "El arte es Moral en la medida en que el bien estético es un valor", "Y es que todo arte no es más que una ética revestida de estética (y en su fundamento, una épica)"...

Por otra parte, en el polo opuesto del arte, hay en nuestro autor una marcada distancia respecto de la ciencia y la técnica, siempre fría y rígida, con frecuencia perniciosa para nuestra libertad e identidad. Algunos de sus aforismos son rotundos al respecto: "A las ciencias positivas hay que ir comenzando a llamarlas ciencias negativas", "La ciencia actual, como el hombre actual en general, clasifica demasiado y no juzga suficientemente"...

En la aforística de López Medina hay una profunda reflexión sobre las emociones y los impulsos irracionales humanos. Su heptalogía es un esplendido recorrido por ellos. Por ejemplo, siguiendo la estela de Gracián o La Rochefoucauld, analiza las distintas formas de la ambición (económica, política, de éxito, de poder...), pero también de las secuelas que acarrea: competitividad, lucha, celos, dominio, incluso la guerra. Algunos ejemplos: "Cada hombre ve en el otro uno saboteador de su persona", "Todo ser viviente pide más. Hasta el mismo Dios pide más… Ambición Universal", "Para mantener lo que hemos deseado, seguimos deseándolo", "La política es la ambición por otros medios; y la guerra, la ambición por medios extremos de la política"...

En la obra de Emilio López encontramos uno de los rasgos más característicos de la modernidad: la visibilidad del sujeto. El yo, su persona, aparece constantemente, no ya para certificar una autoría, sino para subrayar la perspectiva, el carácter contingente y la fragilidad de todo aserto. Abundan expresiones como "a veces llego a pensar", "yo diría que", "creo que"; con ellas nos habla de sí mismo: "Temo empezar el día, el comienzo del hacer y deshacer de este mundo que me rodea… Levantarse es comenzar a decidir". Concluimos con esta confesión desde la cima de la vida: "Toda mi vida he estado preparándome para la decepción en la seguridad de que alguna vez llegaría. Ahora que ha llegado, me decepciona que esa preparación no haya servido de nada".

Javier Recas
Madrid, febrero de 2026

LAS MIRADAS A LA VIDA

ELEMENTOS DE FILOSOFÍA PRÊT-À-PORTER

AFORISMOS. Siempre me ha llamado la atención el hecho de que el intelectual, el ensayista, el filósofo suela decir más y mejor en una entrevista, en una conversación, y, por tanto, en pocas palabras, que en todo un voluminoso tratado. ¿Quién podría negar la fuerza de la expresión breve, sintética, del lenguaje coloquial? Y es que el hombre percibe y capta el sentido de las cosas por destellos intuitivos, antes que por prolijos análisis. De manera que una idea se entiende, manifiesta y comunica en su más prístina frescura y exactitud a medida que se expresa con menos palabras. Por consiguiente, no es tanto que un grueso tratado pueda resumirse en un aforismo, cuanto que un tratado, una tesis doctoral, un sistema filosófico no es más que la redundancia magnificada de aquél... Pero, ¿qué hago? Estoy vulnerando los sagrados principios del aforismo mediante este prolijo análisis. Así pues, acabemos (aforísticamente, claro está): en definitiva, el Aforismo es la eyaculación precoz del análisis.

FILÓSOFOS Y FILOSOFÍA. Quizás debería ser investigado a niveles de psicología profunda el hecho de que algunos filósofos, en actitud manifiestamente masoquista, desprecian la Filosofía y, por ende, a ellos mismos ... Aunque tal vez sea al contrario: porque se desprecian a sí mismos, desprecian lo que hacen.

CUERPO Y ALMA, DISTINCIÓN. Desde el punto de vista de la metodología científica, la distinción entre Cuerpo y Alma es muy fácil: el Cuerpo es la mitad del hombre que pesa más.

DIGNIDAD. El saber estar en la vida con dignidad es una cuestión que desborda el campo de la Etica y enlaza con el de la Estética. Item más: en nuestros días lo enlazan con la Economía. Por tanto, ¿qué Ciencia Universal se ocuparía de este saber?

HISTORIA. La Historia es maestra. Pero no hemos de creer demasiado en sus enseñanzas, ya que es una maestra anticuada *per se.*

HUMOR. Si tenemos sentido del humor, ya le hemos ganado a la Vida y a la Muerte la mitad de la partida.

IMAGINACIÓN Y PODER. Al final, en lugar de la imaginación, lo que ha subido al poder ha sido la imagen.

MÚSICA. En las otras artes, el hombre está fuera de la obra; por eso puede contemplarla, y, así, escapar. En la Música, ésta se apodera del hombre y lo domina. En la Música, el hombre es inferior.

LENGUAJE. Las palabras tienen mucha importancia o poca, son verdad o mentira: depende de quien las escuche.

POLÍTICA. En Política, en lugar de tratar de encontrar la persona ideal que rija los destinos de la nación, es mejor encontrar el sistema que rija los destinos de la persona ideal.

CRÍTICA. Es impredecible dónde prenderá y qué fuego levantará la chispa de una crítica, por muy aislada que ésta pueda ser o parecer.

ESCRITURA. Escribir (científicamente o literariamente) es saber administrar la precisión y la imprecisión, pues ambas significan. (La imprecisión significa lo impreciso de la vida o de la ciencia).

ÉTICA. Si la Naturaleza opera de espaldas a la Ética, entonces la Ética es ridicula.

EXTREMOS. Los extremos se tocan porque, obviamente, ambos niegan el medio y lo intermedio.

LIBERTAD. La libertad no es un estado. Es una obra que existe sólo mientras se está haciendo.

LITERATURA. Hay que llegar a la Filosofía a la vuelta de las Ciencias. Y a la Literatura a la vuelta de la Filosofía.

LOCO. Quien no participa en la locura general, sino que tiene su propia locura, ése es el loco.

CORDURA. Un cuerdo es aquel que es capaz de controlar y administrar su propia locura.

PERENNIS PHILOSOPHIA. Las máquinas, los ordenadores, sustituirán al oficinista, al médico, al arquitecto... pero jamás podrán sustituir a los filósofos, que, además, serán los personajes más necesarios, dado el pelaje de la sociedad que se está presentando.

AFORISMOS. El aforismo, más que una pieza, más que un ladrillo en el edificio de la filosofía, es un ladrillazo (a veces contra ese mismo edificio).

FRACASO. La mejor batalla es la que se gana sin pegar un tiro. Por contra, la peor es la que se pierde sin haber pegado, al menos, un tiro.

FUTURO. Un proyecto de vida niega el azar.

MODAS. La moda (ideológica, científica, literaria, e incluso textil) es sólo una mutación actualizada de la Inquisición.

EL SENTIDO DE LA VIDA. Buscarle un sentido a la vida es ya darle un sentido. Por ello no se suicidan los existencialistas ni sus epígonos.

EL AFORISMO Y EL MÉTODO. La culminación del Método es la intuición.

CIENCIA. Históricamente considerada, la ciencia es el esfuerzo por salir de la fantasía con el método de la imaginación disciplinada.

COBARDÍA. En esta vida se paga todo. Incluso la falta de valor para enfrentarse a la vida... cuando no es esto lo único que se paga.

COMUNICACIÓN. La comunicación humana se basa en la suposición de lo que el otro supone.

FILOSOFÍA. Me gusta la Filosofía, amo la Filosofía. Entre otras cosas, porque es el único trabajo (decente) que se puede hacer acostado.

MÚSICA. La Música, el arte más bello, se sirve de los instrumentos de formas más horribles y estrambóticas. Lo mismo que el Sexo, el placer más hermoso. Curiosa cuestión.

PESIMISMO Y OPTIMISMO. Para un pesimista, la vida es un conjunto de accidentes imprevisibles puestos en serie: embarazos, caídas, infecciones, rupturas... Para un optimista, un conjunto de sorpresas imprevisibles, emocionantes y asombrosas.

SABIDURÍA Y SOCIEDAD DE CONSUMO. En cuanto a los bienes de esta tierra, no sólo estarás alcanzando la sabiduría, sino –a tal situación hemos llegado– tu propia comodidad material, cuando en lugar de pensar que te faltan cosas, empieces a pensar que te sobran.

PRINCIPIOS DEL OBRAR del que odia: Desea para otro lo que no deseas para ti.

del envidioso: Desea para ti lo que no deseas para otro.
de la competencia: No desees para ti lo que deseas para otro.
del egoísta: No desees para otro lo que deseas para ti.
del justo: Desea para ti lo que deseas para otro.
del bondadoso: No desees para otro lo que no deseas para ti.
del puro: No desees para ti lo que no deseas para otro.
del que ama: Desea para otro lo que deseas para ti.

LA IGNORANCIA

HAY DOS mentalidades o naturalezas intelectuales: aquella a la que todo le parece normal y aquella a la que todo le parece anormal y sorprendente (incluso el milagro de vivir más de dos días seguidos). Esperad algo sólo de esta última.

EL UNIVERSO debería estar desordenado, sin leyes de ningún tipo, para poder ser explicado. Es más, el Universo debería estar vacío para poder ser explicado... Y ni aun así.

EN ESTE MUNDO vamos andando como con un foco que va iluminando el camino. Este foco, al que llamamos inteligencia, tiene en cada uno de nosotros intensidades distintas y, sobre todo, coloraciones y tonalidades muy diversas.

NI LOS OBJETOS de este mundo, ni la vida, ni la Naturaleza en su transcurrir obedecen a mi lógica, sino a su propia lógica: lo único que obedece a mi lógica es mi cabeza.

UN SUJETO normal es aquel que por falta de inteligencia o de escrúpulos, o tal vez por simple desidia, pasa por alto el fondo mismo de la vida.

EL CONOCIMIENTO –el llamado conocimiento de una cosa– es la punta minúscula del iceberg del caos de posibilidades de la cosa: es lo que hacemos destacar, lo que iluminamos (normalmente con muy tenue luz, que suele llevarnos al error) sobre el fondo inmenso de lo que ignoramos.

UNA PERSONA inteligente no es solo la que comprende las cosas, sino aquella que comprende la profundidad de las cosas.

LAS PALABRAS saben cosas que nosotros ignoramos de ellas: saben tanto como el que las escucha.

LAS PALABRAS nunca aciertan: siempre se nos quedan cortas o largas, siempre están alrededor del objeto pero sin llegar a tocarlo.

LA VERDAD lógica de las cosas es tan terriblemente vacía –vacía como las matemáticas–, que el hombre prefirió desde el primer momento rellenarla con los dioses y su terror.

EL CORAZÓN dicta las creencias, dicta la verdad. Y la inteligencia (y el estómago) las dota de razones. Está, pues, el pensamiento, y detrás de éste el transpensamiento: es decir, el miedo, el amor, el sentimicnto estético, la pasión… En el fondo, cualquier verdad está sostenida por el corazón; sobre todo, en forma de temores y deseos, lo que significa estar sostenida por la fe.

EL GRADO de ignorancia se mide por la relación inversa entre el mayor temor a los fantasmas y el menor temor a la realidad (sus microbios y sus venenos). Así, un niño.

¿POR QUÉ ese sentido mágico en la explicación de las cosas? ¿Quizás porque no requiere gran esfuerzo la postulación de sus explicaciones/verdades?

QUIENES tienen tendencia a ver en las cosas más de lo que hay corren el peligro de ver a Dios detrás de ellas.

LAS COSAS menos creíbles son, por ello mismo, menos observadas y estudiadas. Es por lo que se puede proponer más fácilmente aquello que nadie piensa que se podría pensar.

LAS RAZONES no son más que las excusas de las creencias. Sólo les infunden ideología

SERES fascinantes el fanático y el nihilista. El que lo sabe todo y el que no sabe nada.

EL HOMBRE razonable se queda en la verdad próxima. La verdad lejana sólo puede ser alcanzada por el loco.

LA VERDAD lejana, las Grandes verdades... No hay que creer nada cuando hay que creerlo todo.

IMPERATIVO categórico, ser-en-sí, ser-para-sí, noúmeno, trascendentales, alienación... Quizás la Filosofía es más bien el arte de poner, no tanto bonitos, cuanto asombrosos adjetivos a la Realidad.

HACER UNA teoría filosófica o científica es como hacer un puzzle con las parcelas de la realidad que conoces en palabras: basta engarzarlas y encajarlas adecuadamente (las palabras, se entiende).

TODO hombre no tiene más que una idea que subsume todas las demás.

UN SISTEMA filosófico, y hasta cierto punto un sistema científico, es esencialmente una convicción.

LA FILOSOFÍA es una reflexión mediante la que toda materia extraña se hace próxima y familiar, y toda materia familiar y próxima se convierte en extraña.

LA FILOSOFÍA es la ciencia que trata de conocer demasiado y muy pronto la realidad. Es una ciencia que se invalida por su ambición de éxito.

POR ELLO, el filósofo termina convirtiéndose en un especialista en saber qué no se sabe. Por eso es un especialista en preguntas, no en respuestas...

EL SABER siempre sitúa el horizonte más allá, más allá siempre... La verdad es sólo el camino hacia otra verdad, y de ésta a otra. Retrocede como un horizonte. Es sólo una promesa: la promesa de la verdad.

CIENCIA. El arte de dar una ley a la causalidad. Superstición. El arte de dar una ley a la casualidad.

EL HOMBRE ansía realizar la obra definitiva y eterna, pero está condenado a ser un aprendiz definitivo y eterno.

SI CONSIDERAMOS la procedencia del ser humano –la nada–, demasiadas pocas torpezas comete el hombre al salir a la realidad de un mundo tan extraño y complejo como éste... Vivir es equivocarse.

A PESAR de todos los pesares, a pesar de todo lo dicho por los filósofos, la observación nos lleva, más que a la ciencia, a la acción.

LAS AVENIDAS de las grandes verdades están empedradas de pequeñas mentiras (*versus* errores).

NOSOTROS somos demasiado sabios y demasiado ignorantes. Demasiado sabios porque hemos logrado superar el grado cero de los conocimientos sobre el mundo, y demasiado ignorantes porque no sabemos a dónde nos dirigimos con ese (poquito) saber entre las manos.

LA CIENCIA y la técnica nos podrán quitar el hambre, pero no nos podrán quitar la idiotez.

LA VERDAD a veces gusta de moverse al borde de los desfiladeros más angostos y peligrosos.

LA CIENCIA ignora sus fines últimos, y sin embargo quiere quitárselos a la Naturaleza.

AL FINAL, la ciencia termina rapiñando la Naturaleza. La Filosofía, al menos, la deja como estaba.

LA AMBICIÓN

LA MATERIA organizada se convierte con el nacimiento en devoradora de vida… El ser humano es primeramente una unidad que desea.

EL SER HUMANO es un ser obligado a desear. Es quizás el castigo impuesto cuando fue expulsado del Paraíso: condenado a desear después de desear… Acabo de darme cuenta, sin embargo, de que el deseo es anterior: fue precisamente *la causa* de la expulsión.

EL HOMBRE, día a día construyendo la torre de la ambición con que ha sido maldecido consumir su vida. Podría decirse que somos hijos de Sísifo antes que de Adán… Subimos la cuesta de nuestros deseos para satisfacerlos; cuando estamos en la cima, volvemos a rodar hasta el fondo de otro nuevo deseo.

EL DESTINO está escrito en lo que amamos, porque lo que amamos es lo que nos dirige… El Destino son nuestros deseos.

DESEAMOS según somos, y somos según deseamos. Luego somos –casi– lo que deseamos. No hay voluntad que no sea coherente con lo que uno es.

ANTES de nuestra venida al mundo, nada le faltaba a éste; después de nuestra venida, todo le falta (porque todo nos falta).

ES MÁS FÁCIL poner límites a los deseos que a las esperanzas, porque mientras que aquéllos tienen el límite de la realidad y su conquista, éstas habitan el reino de la imaginación y, así, son libres y manejables.

COMO SABEMOS que somos finitos y mortales, deseamos las cosas para ser infinitos e inmortales como ellas: para agarrarnos a la eternidad de su Devenir.

EL ÚNICO DESEO que verdaderamente se satisface es el primero. Los demás son sólo recordatorios.

TODO SER VIVIENTE pide más, hasta el mismo Dios... Ambición Universal.

LOS ESTADOS de carencia son los que nos hacen reconocer, y tal vez recordar, vestigios de nuestra inicial animalidad.

EN LA NECESIDAD, parecemos ser nosotros mismos.

LO QUE LLAMA la atención no es la inútil ambición del hombre, sino el ancho sembrado de miserias, el basurero en el que desarrolla sus ambiciones.

TEN AMBICIÓN, pero debes saber leerla: has de servirte de ella, pero no servirla tú.

HAY QUE SER ambicioso según el grado de inteligencia. Algunos fueron demasiado ambiciosos para la poca inteligencia que tenían.

MÁS QUE el fracaso, es el éxito el que estimula en mayor medida la hiena que hay en nosotros.

SEA COMO fuere, lo que está muy claro es que, para el que es idiota, el éxito es más peligroso que el fracaso.

UNA CARACTERÍSTICA peculiar del éxito es que siempre quiere más y más; quiere mucho más que el fracaso. Aquel que tiene demasiado es quien generalmente necesita más.

EL ÉXITO nos lanza fuera de nosotros; el fracaso nos devuelve a nosotros mismos: a lo que somos, a nuestra intimidad.

CUANDO la ambición comienza a galopar, se convierte en un caballo desbocado que empieza a trotar sin control y termina por estrellarte en el primer árbol que encuentra. No basta, pues, con ser ambicioso, sino que además hay que saber controlar esa ambición.

QUIEN desea todo, está por debajo de todo.

DE BREVITATE vitae.- Dada su ambición, la vida del hombre es la más corta.

LA GENTE no intenta ser feliz con lo que tiene, sino con lo que no tiene… Apartado el dolor de nuestras vidas por la medicina moderna, he ahí ahora la fuente de la infelicidad.

UNO ES infeliz cuando desea un punto más de lo necesario para ser feliz.

LO QUE no se puede alcanzar es estúpido desearlo.

PARA mantener lo que hemos deseado, seguimos deseándolo.

LA VIRTUD por excelencia del ambicioso debería ser la paciencia. Y es que sólo se puede ser ambicioso a largo plazo.

EL HOMBRE sabio no aspira a conseguirlo todo, a que todo le salga bien, sino a no tener, al final, muchas cosas de que arrepentirse.

EL POLÍTICO es el comerciante de las ambiciones cualesquiera de los hombres, y para ello flota y sobrenada por encima de ellas.

LA MALDAD puede renunciar a todo principio y a toda ambición y valores, excepto a uno: por propia naturaleza, no puede renunciar al principio, ambición y valor del poder.

LAS IDEOLOGÍAS suelen constituirse en instrumento –otro más– de la ambición.

LA DEMAGOGIA consiste en dotar de cualquier tipo de razones a los deseos y temores de una colectividad.

EN ESENCIA, la política es el arte del tráfico de las ambiciones.

LA POLÍTICA es la ambición por otros medios; y la guerra, la ambición por medios extremos de la política.

AL FINAL, el tirano termina por convertirse en verdugo de las ilusiones que había creado.

LAS PRIMERAS víctimas de la ambición son los demás; la última es el propio ambicioso.

LA COPA de los vencedores y el trago de los vencidos.

YA DIJO Maquiavelo que el arte de gobernar no tiene nada que ver con la Ética... Bien, dejémoslo en que es el arte de templar, equilibrar y conciliar las ambiciones y egoísmos. Quizás por eso, la función y sentido del Estado ha devenido, más bien, en constituirse cada vez más en un sustituto de la Ética, haciendo más eficaz la voluntad de unión egoísta para la convivencia.

LA LEY cristaliza en un conjunto de protocolos de conducta que se aplican por el poder cuando el egoísmo, la ambición del individuo, es torpe, es decir, cuando va en contra de los intereses de todos (que en el fondo son los propios intereses individuales), constituyéndole obligatoriamente en un ser moral, y así en un hipócrita a la fuerza.

LA DIVERSIÓN

EL HOMBRE sabe que su vida es una pompa-bomba de jabón que en cualquier momento puede estallar, como decía Schopenhauer; sin embargo, prefiere olvidarse de ello decorándola y amueblándola.

NOSOTROS pensamos las cosas como efímeras y las vivimos como eternas. Nosotros nos pensamos como eternos y vivimos como seres efímeros.

SE TIENDE al lujo y al consumo para suplir la falta de imaginación. Sólo quien tiene imaginación puede vivir austeramente.

EL LUJO es el enemigo mortal de la reflexión para el que lo disfruta, pero es el numen más inspirado para el que lo contempla.

CASI TODO lo referente al cuerpo propio o ajeno puede obtenerse con dinero, pero ninguna gracia del espíritu.

¿LA PERSONA más inteligente? ¿La que descubrió la rueda, la cuerda? No, la que descubrió el palo y la zanahoria...

EL CONSUMO es el consuelo y la felicidad de los incultos, que es una manera no propia de decir de los que sólo han visto y ven objetos en esta vida.

LA VENTAJA del consumista es que puede nadar en la superficie de la vida. Los demás se hunden.

PARA EL tonto, el espectáculo de la vida se refleja en su retina, para la persona inteligente se refleja y se forma en su corazón.

EL NÚMERO es ahora el maestro. Y si es el número de audiencia... para qué contar.

EN TODO ciudadano de hoy subyace y gime un esclavo de los medios de comunicación y su propaganda.

BIEN ES verdad que te podrán engañar, pero nadie envilece a nadie sin que éste ya sea un vil de por sí. Nadie pervierte a nadie. Nadie convence a nadie...

EL HOMBRE se acostumbra a la inmoralidad casi tan rápidamente como a la felicidad.

NO HAY piedad ninguna en un joven que quiere divertirse.

CONTRA vanidad, hipocresía; y contra insolencia, cinismo… y, en general, contra vicio, no virtud, sino otro vicio que le haga frente.

HUBO siglos infames, ahora nos encontramos en el siglo pueril.

PARADÓJICAMENTE, es el gregarismo lo que da a la mayor parte de las personas la sensación de ser alguien.

HAY UN punto sutilísimo de separación entre la rebeldía y la mala educación. Solo los zoquetes no alcanzan a percibirlo.

INGENUIDAD del hombre moderno, que cree que los pájaros cantan porque están alegres.

SI LOS perros tuvieran manos, como los monos, serían el esclavo perfecto.

EN EL FONDO, el aburrimiento es el precio por haber hecho la vida soportable.

LA VIDA es corta, pero el aburrimiento es largo. Por eso la gente se emborracha de velocidad en todo lo que hace: para poder concluirla antes.

EN TIEMPOS de paz, el hombre sustituye la venganza por la justicia y la guerra por las competiciones deportivas.

VIAJAR por viajar es una tendencia que se pierde en un fondo caliginoso de inconfesables motivos, el más claro de los cuales es el olvido del marco en que uno habita, cuando no el olvido de sí mismo.

EL VIAJE es la línea/camino que une el lugar donde no se quiere estar con el lugar en que no se querrá estar.

HOMBRE: eterna actividad dirigida a mantener la actividad; eterna actividad sin sentido final.

LA RUTINA es un preservativo contra la locura.

LOS TIEMPOS modernos son los mejores para quien sepa vivirlos, y los peores para quien se deje arrastrar por ellos.

A LA LARGA, nuestras propias virtudes (como especie y como individuos) terminan por castigarnos.

NADIE MÁS vulnerable que el hombre feliz. Felicidad, vulnerabilidad.

EL HOMBRE se está vaciando tanto a sí mismo de sí mismo, que pronto se volverá del revés.

COMÚNMENTE los humanos son seres preocupados por tonterías cuando gozan de buena salud. Sólo cuando están en peligro se preocupan por lo fundamental.

PARADÓJICAMENTE, la desgracia de querer ser aún más felices hace que seamos aún más desgraciados.

CON LOS objetos, el hombre pretende vencer el dolor de vivir mediante una borrachera de bienes e ignorancia. Y, en un bucle, vencemos a la ignorancia con una borrachera de bienes y objetos.

DE ESTA manera, en su paso por el mundo, al hombre le acontecen objetos y personas. En esta tesitura, algunos eligen lo más fácil: amar los objetos.

UNA PERSONA prudente es aquella que intenta marcar el ritmo de las cosas.

NO ES necesario llegar al límite de la desgracia para maldecir la vida. Basta con llegar al límite del placer.

DE TODAS las inocencias perdidas, la que más echo de menos es la de perder el tiempo sin conciencia de culpabilidad. Como hacen los niños.

EL PLACER de estar, sencillamente estar, en la vida…

LA RIQUEZA –compendio de los objetos– debería ser sólo una ventaja en el arte de vivir, pero se convierte en un anestésico, incluso en un inconveniente, en el arte de vivir.

LO TIENE todo menos la necesidad de tener algo. ¿Es, pues, un desgraciado?

EL SECRETO de la felicidad es acomodarse a lo que uno tiene como si fuera lo único que existe en el Universo. Pues en no existiendo nada más, nada más se sufre.

HAY UN TIPO de habilidad que consiste en vivir mejor dejando perder algo. Y es que, como condición de una vida propia, has de tener un dominio, una circunscripción, de muy poquitas cosas.

LA CONCIENCIA aparece cuando logramos un instante de libertad del paraíso del consumo.

EL SEXO

NUESTRO ser social: animal con el sexo cubierto. Animal adecuadamente vestido para el teatro.

HUMANO: sustancia pensante incorporada a un sexo.

LA VIDA es extraña a la Lógica, pero ¿qué importa la lógica que es extraña a la vida? ¿Qué le importa a nuestra vida lo que es extraño a la Vida?

SI DIOS hubiera sido un verdadero místico, o tal vez un artista, habría determinado que el humano fecundara la tierra directamente cuando engendra a otro humano (como se engendran y fecundan los frutos de la tierra).

SI BIEN lo piensas, cada coito es un milagro de la Naturaleza.

CADA HOMBRE es un extraño para la mujer, y cada mujer lo es para el hombre. Y ello se demuestra simplemente cuando uno se pone en presencia del otro.

EL SECRETO de la feminidad y su seducción es muy sencillo: ser otro distinto del hombre (dígase lo recíproco en la parte recíproca).

DESDE LAS cavernas, los ojos del hombre están acostumbrados a mirar a lo lejos, a mirar la caza. Los ojos de la mujer están más acostumbrados a mirar a lo cerca, a mirar al cazador.

POR TODO esto, y por mucho más, el hombre y la mujer jamás se "hallarán", y menos el uno en el otro.

PLACER y dolor: dos cabezas del mismo monstruo que se escupen mutuamente.

¿QUÉ ES un ser sensible? Un ser que combina muy bien sus vísceras: sobre todo cerebro, corazón y útero/próstata.

SI LO PIENSAS bien, el acto sexual es un acto *contra* el otro. Lo demás (sexo oral, etc.) son formas de masturbación *en* el otro.

CURIOSA estampa la de un individuo empotrado en otro. Diríase que así como el avestruz mete la cabeza en una oquedad, huyen de algo metiéndose en el que tienen enfrente.

EL HOMBRE está hecho por un instante de locura en una eterna sinrazón.

TODOS nacen buenos del vientre de su madre, solo el Amor comienza a hacerlos malos.

EN SÍ MISMO, el sexo no sería una carga: la carga está en que lo queremos, además, asociado a la belleza... e incluso al amor. La sensualidad puede devorar su trozo de carne y quedarse satisfecha, pero el amor quiere su trozo de carne con guarnición de espíritu.

LA BELLEZA es plenitud, y la plenitud es, obviamente, el principio del fin. Por tanto, el amor a la belleza (artística o natural) no es más que un amor que, más allá del hecho cumplido de su existencia, apunta a una curiosidad morbosa por el comienzo de su acabamiento.

QUIZÁS por todo ello, y a pesar de los desprecios de las religiones, a pesar de los olvidos de la Filosofía, el cuerpo, tal vez por su misma grosería y debilidad, está más lleno de humanidad que el alma.

LA BELLEZA es como la flor, que atrae a las mariposas, pero también a las avispas, a los abejorros y moscardones de boca y patas llenas de mierda.

TODO joven, por principio, es hermoso... Pero las personas no conocen el grado de su atractivo cuando son jóvenes (ni luego su grado de repulsión cuando son mayores).

LAS GALAXIAS, la ley de la gravedad, la herencia genética, el cáncer... El Universo es una demencia estructurada. Sólo la demencia del amor resulta una demencia libre y desarticulada.

NO AMAMOS a la persona por lo que es, sino por lo que será. Estamos acariciando una aspiración, una buena intención.

LOS SUEÑOS son la primera materialización de la esperanza.

NO CONOZCO un arma que produzca heridas más profundas que las ilusiones.

AMOR sin información o consejo es una bomba ambulante en las entrañas.

LOS SENTIMIENTOS, cuando no son pócimas de la razón, son aliños con que ésta gusta de aderezarse.

EL LÍMITE del amor no es tan siquiera la muerte. El límite del amor es el ridículo.

Un HOMBRE inteligente puede que se enamore como un necio, pero no como un loco. Sólo un necio puede enamorarse como un loco.

SON LOS sentidos, y no la razón, los que toman partido… Razón, esclava de los sentidos.

AMOR es ese fuego que busca otro fuego para poder consumirse antes.

El amor es el único tipo de trastorno mental (*i.e.* de enfermedad más o menos transitoria) cuyos excesos son los únicos comprendidos, tolerados y justificados.

EL AMOR está más allá de la justicia, el odio más acá.

SI EL SEXO es la antítesis de la razón, el romanticismo es la antítesis del sentido común.

EL SEXO es una suerte de hambre añadida a una enfermedad.

CUANDO AMÁIS la muerte, es vuestro cuerpo el que quiere morir porque no le dais su ración diaria de placer.

LA NATURALEZA no se aparta de nosotros cuando nosotros nos apartamos de ella. La Naturaleza nos castiga cruelmente, como una amante despechada, cuando no la seguimos.

EL GRAN libro de los libros es la carne. Y, con él, todos nos hacemos autodidactas. Por eso, cualquier tratado sobre el amor tendría que comenzar con un tratado sobre el sexo.

DESPUÉS de cada relación sexual hay que reaprender a sufrir.

EN EL AMOR y su hacer el cuerpo está desnudo, pero el alma tiene siete velos.

ES EL VESTIDO el que nos devuelve a nuestro estado de persona… Un individuo desnudo no es una persona: es un sexo.

DESDE un punto de vista individual, habrás alcanzado el triunfo cuando el largo peregrinar del sexo te haya encaminado a la verdad sobre la vida, a lo que la vida *es*. Sólo a la vuelta de los orgasmos y placeres, podrás encarar con sabiduría los dolores de este mundo…

SON LAS pasiones cumplidas las que liberan a la razón, no al revés.

EL DOLOR

EL HOMBRE que no haya llorado de pequeño llorará de mayor.

DIOS está al principio de toda alegría. El Diablo, al final.

TODOS somos de un mundo único, en el que cada cual se cree único.

LA ALEGRÍA del hombre feliz recuerda la felicidad del cervatillo ante el día radiante de la apertura de la veda.

EL SUFRIMIENTO de otro es algo que se aprende. Y para aprenderlo debe, obviamente, ser conocido. Pero sólo se puede conocer por nuestro propio sufrimiento. Por eso, los niños y las personas regaladas por la suerte no suelen tener –no saben tener– piedad.

LA JUVENTUD es la edad en que todo se supone. La madurez no es más que el desmontaje de esas suposiciones.

CADA CUAL vive con los restos que no van siendo destrozados por sus errores.

NADA HAY más amargo que arrastrar de por vida las consecuencia de un arrebato, de la cólera, de una pasión, de una frivolidad, de un entusiasmo… en definitiva, de un estado de ánimo que, por su propia esencia, es transitorio. Mucho más que las consecuencias de errores lógicos o tácticos.

LA MISMA fuerza que abate la juventud hace renacer la sabiduría. Son dos versos contrapuestos de la vida.

NO SE PUEDE verdaderamente meditar más que ante el amor y la enfermedad, pues sabido es que la carne y la sangre son los grandes motivos de reflexión.

LA VIDA, por su esencia, es ausencia, es privación (de lo que queda por vivir). Esto nos da la pista del mal de la juventud y del hombre moderno, que lo tienen todo por vivir.

A partir del desengaño, la verdad del individuo –y él con ella–, se hacen libres.

LA PARTE más humana de cada cual no la da el Cielo, sino la decepción.

PARA UN pesimista, la vida es un conjunto de accidentes imprevisibles puestos en serie: caídas, embarazos, infecciones, rupturas... Para un optimista, un conjunto de sorpresas imprevisibles, emocionantes y asombrosas.

UN PESIMISTA es aquel que sabe de la fragilidad de las cosas.

LA VIDA carece de sentido si uno no se siente destinado a algo. Aunque sea al proyecto mismo de buscarle un sentido.

EN EL FONDO, todas las desgracias que sufre el hombre, en su infinita variedad, tienen su causa en un solo principio de carácter cuasi metafísico: el tiempo. En efecto, todas tienen su asiento en la irreversibilidad del instante, en la irreversibilidad de los hechos envueltos en ese instante. Las desgracias tienen una raíz y estructura cronológicas.

SI ALGUIEN tiene ánimos para hablar de su angustia vital, entonces no tiene angustia vital.

APRENDER demasiado tarde... Pocas tragedias íntimas pueden superar ésta.

LA PENA que llega a convertirse en amiga es una cría de lobo que terminará devorándote.

QUISIERA no olvidar nada, pero no tener que recordarlo.

TODOS estamos heridos. La humanidad no es más que una procesión de heridos.

LA AFINIDAD en los placeres une; la afinidad en los dolores une aún más.

SUFRIR y no sacar enseñanza y provecho del sufrimiento es sufrir el doble.

LA ANGUSTIA es el estado del hombre cuando no se equivoca ni con la cabeza ni con el corazón sobre lo que le espera. Es, pues, un producto de la inteligencia.

LA DESGRACIA se acomoda a todo tipo de situación: a la riqueza, a la pobreza, a la ignorancia, al conocimiento…, se acomoda incluso al clima.

SI LOS CAMINOS del dolor son infinitos, entonces infinitos son los caminos de la verdad, y por tanto de la filosofía.

EL BARCO de la vida no se hunde. Sólo se van muriendo los marineros.

CON EL PLACER, tu espíritu sale de ti hacia otros; con el dolor regresa a ti (y encima se queda).

LA ENORMIDAD de lo que uno tiene que aguantar en esta vida es infinitamente más doloroso que la enormidad de lo que uno tiene que hacer para sobrevivir en esta vida.

LOS RECUERDOS sobrenadan en la conciencia. Las vivencias se precipitan en el fondo del alma.

SÓLO SE PUEDE crear en un descanso del dolor.

AL VIEJO sólo le queda un último recurso para aferrarse a la vida: amar. El amor es su última amarra.

¿DÓNDE termina la sensatez y empieza el temor?

SERÍA IMPOSIBLE soportar nuestros males si no fuera por la capacidad de imaginarlos aún peores.

Y SI NO EXISTE Dios, ¿a quién podríamos pedir perdón? Y sin pedir perdón, ¿cómo podríamos vivir?

LA INCAPACIDAD humana ante la complejidad y estrategia de los dolores, las diversas enfermedades y la muerte final, me recuerda la incapacidad de un insecto para comprender y trascender hacia las estrategias y trampas de un cazador entomólogo: es idéntico el absurdo infinito con que se percibe esa lógica a la que jamás podríamos acceder.

SÓLO UNA palabra separa las lágrimas de la risa.

LA CAPACIDAD de sufrimiento del ser humano parece ilimitada… Puede ser ilimitada en cuanto que, más allá de todo padecimiento, está la tendencia a la conservación de la vida, tendencia que tiene, precisamente, un límite infinito

EN CIERTA manera, el dolor ayuda a morir: cuando no hace que desees la muerte para que desaparezca, al menos consigue que te importe menos dejar la vida (para dejarlo a él). Paradójicamente, hace el tránsito menos doloroso. ¿Será esa su función?

UNO SE DA cuenta de la trampa de la vida cuando ve que no puede preparar los regresos.

LA SOLEDAD

UNO SE SIENTE solo en muchas ocasiones, pero especialmente ante el silencio del otro.

CALLARSE es una forma de dejar a los demás abandonados a su soledad.

HÁBLAME para no sentirme solo.

CUANTO MÁS separados, más vulnerables.

LOS AUSENTES están siempre muertos.

PARA PODER sobrevivir, hay que saber hacer un uso moderado de negación de la realidad.

UNO NO ha perdido toda esperanza hasta que no ha perdido la esperanza de que le comprendan, que comprendan su agitar de brazos.

LA NECESIDAD de hablar, de comunicarse, es directamente proporcional a la incapacidad de aguantar la soledad... Salir a hablar.

LA SOLEDAD no se aprende: todos nacemos y estamos solos.

QUIEN BUSCA la compañía de otro –ese hombre sociable– es el que no está a gusto él mismo consigo, que está peor acompañado consigo que con otros.

DIOS, para paliar la soledad de los hombres, creó la sonrisa como puente entre ellos. Los animales son seres solitarios porque no se sonríen el uno al otro.

LA COMUNICACIÓN es el arte de suponer lo que el otro va a suponer con mis palabras.

LA GENTE consigo misma es como es, con otros es como quisiera ser.

EN EL HOMBRE solitario, el mundo se cierra en torno a él, cercándole y abrumándole. El hombre que tiene amigos cuenta con intermediarios con ese mundo, dispone de los puentes para comunicarse con él.

EN LA SOLEDAD, el hombre se dirige a Dios. Cuando está con los hombres, se dirige al hombre… Con los amigos el alma se hace ligera.

EL CARÁCTER jovial es, sin más, signo de santidad moral.

EL VERDADERO solitario es aquel a quien le gusta comer sin compañía. Este es el signo cierto del misántropo… Está en onanismo permanente: todo lo disfruta solo.

NO SE ME oculta que, respecto de la soledad, hay dos tipologías: la de quienes necesitan que se les hable, y la de quienes necesitan hablar: estos últimos son, paradójicamente, los más solitarios o, quizás, los que menos soportan la soledad.

EL QUE HABLA la vida es el gran sacerdote de la solidaridad de todos.

UNO DE los problemas de la persona inteligente es que, por su propia naturaleza, porque está más allá del consolador, le es imposible ser consolado. Su cruz en la vida es, pues, la soledad.

VIVIR sin amor es morir sin término.

EN OCASIONES llego a pensar que la soledad es una fortuna que muy pocos saben valorar. Sí, tal vez la situación perfecta sea la soledad, pero hay una situación especial: la soledad de dos formando uno. Soledad a dúo.

CONVIVENCIA: sinfonía de matices, sinfonía de fragilidades..., de frágiles matices.

ES SABIO aceptar las cosas de la vida, pero no lo es la confianza en las cosas de la vida.

EL TIEMPO es el lugar donde se encuentran los azares.

TODOS LOS planteamientos cosmológicos y cuidados racionales caen ante un sentimiento. Miserias y grandezas del hombre.

SÓLO quien es capaz de cambiar sabe lo que es el peligro.

CUANTO MÁS nos adentramos en la biografía de una persona, menos sabemos de ella.

CADA INDIVIDUO, por el solo hecho de ser él mismo, constituye con su personalidad un abismo insalvable con los demás individuos.

NADIE es tan débil como imaginan sus amigos, ni tan fuerte como imaginan sus enemigos.

NO HAY más defectos que los que se tienen ante los demás. Los que se tienen en nuestra soledad, ante el espejo y en el cuarto de baño, no son más que naturaleza.

A VECES me sorprenden tanto los hombres, que me siento como un extragaláctico que hubiera de pronto caído entre ellos.

UNO CREE que las personas están unidas hasta que una de ellas comienza a girar como una peonza sobre sí y, en su giro, choca y desplaza a todas las demás en un recorrido errático.

RECORDAR, y sin embargo convivir. He aquí el tormento del ser social.

QUIEN discute es que todavía tiene esperanzas sobre el prójimo.

DIOS nos guarde de la gente que no habla.

NO HAY nada que deje más en soledad al individuo que el no hablarle. El ensimismado deja aislados a los demás.

HAY CONCIENCIAS –incluso buenas conciencias– que permanecen encerradas en sí mismas, ocluidas respecto de lo que les rodea: en una palabra, carecen de sensibilidad, ese dispositivo de recepción/comunicación con la realidad, ese "grado más" de la conciencia.

QUIEN SE encierra en sí mismo termina por hacer que todos se encierren en sí mismos. Y así, todos separados por el silencio. No hay nada que separe más a las personas que el silencio.

HAY QUE procurar ser feliz por uno mismo. El individuo más solitario es aquel que necesita de otros para ser feliz.

RETIRARSE de los hombres es una forma de dejarse morir.

EL CAMINO de la vida es un camino tan solitario que la pura angustia le provoca a uno a veces alucinaciones de que alguien le anima desde el arcén.

EL AMOR a la soledad es propio de los espíritus que han sufrido mucho con los demás, no tanto consigo mismos. Y se demuestra en el mismo hecho de que esa soledad no les va a curar el sufrimiento.

EL ARTE JOVIAL

LOS HECHOS de la vida se revelan con una luz distinta en cada uno de nosotros. Expresar esa luz, no tanto los hechos, es el arte. Cuando se revelan con la misma luz en todos, eso es ciencia.

UN TEÓLOGO ve fantasmas en las cosas, un filósofo en los conceptos, y un literato en las palabras.

EL ARTISTA percibe la Vida, la Naturaleza, no tanto como una estructura lógica, cuanto como una estructura de fulgores.

UN VERSO es un poema de imágenes. Un aforismo es un poema de ideas.

EL AFORISMO es la filosofía que no quiere renunciar a ser arte.

LA RIQUEZA es un capricho. La belleza, una necesidad.

SI EL FIN de la vida del hombre es la búsqueda de la felicidad consciente, entonces se puede decir que el hombre es el único animal que vive por y para la alegría.

UN BUEN aforismo es aquel que hace reír a los inocentes y deja serios a los filósofos.

LO BELLO lo contemplamos, nos extasía; pero se queda ahí. Lo sublime se incorpora a nosotros para siempre.

LA BELLEZA, por su propia esencia, es siempre nueva. Por ello, la auténtica belleza es eterna.

¿LA LITERATURA COMO decepción de la vida? No, la Vida como decepción de la Literatura.

OBRA ARTÍSTICA: un placer en el comienzo; en su prosecución, un infierno.

LA OBRA de arte emociona; la obra genial, además, conmociona.

CUANDO el hombre descubrió la música, dejó el tótem y el fetiche, y concibió la Divinidad.

LA MÚSICA parece como si se escapara por las rendijas del Paraíso, como una muestra que se nos diera a degustar a los mendigos.

LA BELLEZA es una especie de levitación sobre la vida: se sitúa en un ámbito universal y, por tanto, unívoco e intemporal, por encima de la vida, que está sujeta a la variedad, la fealdad y la irregularidad, a la temporalidad y al cambio.

EL HUMOR es el reino de la metáfora. Por eso el humor es el reino de la inteligencia y el arte.

AFORISMO: palabras que se ven en el cuerpo de las cosas. Están ahí, en la sustancia de la realidad y de las palabras. Por eso no se crean: los aforismos se descubren.

LAS FRASES lapidarias no se nos suelen ocurrir en los momentos lapidarios.

LA FILOSOFÍA se pregunta qué es el hombre. La Literatura dice quién es.

NO HAY que seguir considerando buena una cosa si no nos produce alegría o la promesa de alegría (aunque fuera sólo por su simple utilidad).

LA FELICIDAD por sí misma es un criterio de verdad. De modo que una verdad tendría que ser más verdad cuanta más alegría proporcionara, y más mentira cuanto más sufrimiento infligiera... Ya que la mentira es dolor, la verdad sólo debería proporcionar risa.

AFORISMO es sobre todo una sensación traducida a palabras, pero una sensación del sentir inteligente.

EL AFORISMO es al tratado lo que el dibujo a la pintura o el plano a la estructura: expresa todo sin adornos.

CUANDO la pasión vocifera, la lógica queda afónica de miedo... pero entonces se pone en pie el sastrecillo valiente del humor.

LIVIANOS, ligeros pensamientos que al volar pasáis rozando el folio y ahí dejáis una huella antes de evaporaros. Esa huella es memoria, y, por eso, merecéis que os conserve... aforismos.

UN ANIMAL capaz de convertir sus instintos –señaladamente, el sexual– en obras de arte es algo casi milagroso, propio de un ser marcado por el ramalazo de la divinidad.

EL HUMOR es el ángel encargado de asolar los sistemas.

LO QUE HAY de conmovedor en la persona fantasiosa es que sea él mismo algo real.

EL AFORISMO es a la Metafísica lo que la ecuación matemática es a la descripción de la Naturaleza: añade precisión y claridad.

UN BUEN aforismo es aquel que no despierta en nosotros la necesidad de continuarlo.

EL SOLO hecho de vivir es ya una empresa épica. ¿Qué podría, pues, haber de extraño en decir que toda poesía, incluso todo arte, tiene un sentido y una función épica? El arte tiene como fin el de situarnos en ese estado épico ante la vida.

LA LITERATURA –el ejercicio de la literatura– es en el fondo la manía de querer ser de una manera ideal.

EL AFORISMO es la forma de expresarse de quien teme a las palabras, pero sobre todo a las palabras de más: miedo a perderse y a engañarse con las demás palabras.

SIN CAPACIDAD artística no queda otro remedio que ser una persona práctica.

LOS AFORISMOS, como los microbios, pueden acabar con las grandes estructuras orgánicas del pensamiento... Y todo está lleno de microbios.

TODA música evoca el Paraíso. Cuando no su pérdida, su promesa.

LA SENTENCIA escribe en letras capitales. El aforismo escribe en letras capilares.

UN AFORISMO no lo es por su brevedad: un aforismo lo es cuando no sobra nada (aunque quede "reducido" a una expresión extensa).

ALGUNOS tenemos dificultad en expresarnos porque damos importancia a las palabras.

LA MÚSICA deja heridas mortales (por eso podemos cambiar de música), la poesía deja heridas inmortales (por eso un poema se fija eternamente en nosotros).

LOS AFORISMOS son tiros que se disparan a discreción y, lo que es peor, a ciegas: sin saber a dónde llegarán ni a quiénes alcanzarán.

LA VERDAD DE LA BELLEZA

EL CUERPO no puede crear más que placer y dolor, y otro cuerpo. Por eso envidia a su mano diestra y su libertad: envidia al espíritu, que puede engendrar belleza, ciencia y arte.

POR EL conocimiento, la materia hecha hombre deviene en fundadora de mundos formales. Por el Arte, la materia hecha hombre deviene en divina y fundadora de mundos ejemplares.

LAS EMOCIONES dotan de luz a la razón... Ahí reside el Arte.

LA NATURALEZA oculta lo mejor a fin de que el hombre lo descubra haciendo arte.

LA SUPERIORIDAD del arte sobre la filosofía para reflejar el mundo se muestra ostensiblemente en que un filósofo necesita un tratado para decir lo que el arte dice de una tacada.

EL ARTE es el mensaje que manda la realidad; el artista es el mensajero. Por eso es un simple mediador, un *aggelos*, un enviado.

EN SUS orígenes, el arte es la manifestación de lo que la vida nos quiere decir, que el artista oye y nos transmite. Por ello, el placer del arte es el placer de comprender lo que la vida nos quiere decir... Arte, la voz de la vida.

HAY QUIENES buscan la verdad, pero a cada paso ella cambia de lugar hasta perderse definitivamente en la lejanía. Y hay quienes sólo buscan oír sus ecos: son los artistas... Ellos perciben algún atisbo.

EL ARTE es la verdad de la belleza, y las matemáticas son la belleza de la verdad.

SI NO fuera por la transverdad del arte, la Verdad sería una cárcel insoportable.

CON EL arte, la ciencia y su realidad quedan relegadas al mundo de lo fantasmagórico.

EL AMOR y la creatividad son como el sueño: no porque uno quiera, viene; y no porque uno no quiera, no viene... De todos modos, como en éste, debes estar desnudo. La persona práctica te diría que trabajando.

PARA EL creador, la vida deja de ser norma y camino y se convierte en horizonte.

LA GRAN obra no es la que nos da algo cuando la contemplamos o la leemos, la gran obra es aquella a la que nosotros le damos algo: le damos nuestra entraña. Es un continente más que un contenido.

LOS QUE no tenemos capacidad artística nos limitamos a conmovernos.

EL ARTE es una rebeldía ante la lógica de la realidad, que trata de poner grilletes y raíles al devenir.

LA CIENCIA explica los hechos, el Arte los bendice y consagra.

HE DE reconocer que quien piensa en mortal hace cosas mortales. El que piensa en inmortal hace cosas inmortales (o al menos, las intenta).

EL GENIO lo da Dios, pero el talento lo guía.

LOS DEMONIOS de la creación existen y aparecen, pero hay que domarlos y moldearlos en el yunque del trabajo.

CON EL arte, la emoción se convierte en Moral.

TODO ARTE no es más que una ética revestida de estética (y, en su fundamento, una épica).

SI LA moral es el reino del deber ser, entonces el arte nos muestra esa moral del mundo: es decir lo que debería ser frente a lo que es. Así, la música: el ser del mundo (ruido) elevado a armonía; así la poesía: lo que se dice elevado a lo que debería decirse, etc.

EL ARTE no reproduce lo que se ve, sino lo que hay que ver.

ESE INTENTO de acordar lo que son las cosas a lo que deberían ser, perseguida por la Ética y conseguida por el Arte, se manifiesta en forma de Belleza, que es su resultado y su fin.

LA ÚNICA verdad y el único valor es la alegría de vivir. Y entre todos la creación, que es la alegría de vivir por asunción y elevación de la vida.

SE SUELE considerar útil aquello que satisface nuestras necesidades materiales o bien la simple comodidad. Yo digo que útil es también aquello que satisface nuestras necesidades espirituales.

POR DEFINICIÓN, el Arte está por encima de la realidad, está en el deber ser. De otro modo no podría hacerse. Dios concedió a los artistas el don de estar por encima de las cosas, pero por ello mismo no les pudo poner los pies en el suelo. Nefelibatas.

LA FELICIDAD es el camino, no la llegada. Con la creación el camino lo pones tú, un camino siempre abierto por ti.

EL ARTE puede volver loco a quien se obsesiona con él. No ya solo por el hecho mismo de esa obsesión, sino porque, encima, es un objeto libre que gusta de jugar al escondite.

EL ARTISTA se mueve entre los límites de lo eterno, de lo que vive siempre, y de lo que no vive casi nunca.

LA PERCEPCIÓN que tiene el hombre sobre Dios es la que tiene el cazado sobre el cazador, solo que el artista no se esconde y le planta cara porque sabe que en realidad es a él a quien Dios quiere, ya que "Dios no se une más que a los dioses" (San Simeón el Teólogo).

¿HABRÁ aventura más noble que naufragar en medio de la creación propia? Sin embargo, el artista se lo toma como una tragedia casi física, como la del náufrago en medio de la mar océana.

CREO que la mejor manera de pasar la vida no es en el estado de nirvana o ataraxia, como querían algunos filósofos; ni siquiera en el placer, como deseaban otros, sino en el entusiasmo. ¡Pasar la vida en el entusiasmo de la creación…!

AQUEL QUE crea vuelve a nacer con su creación, se crea él mismo. Así, el gran autor pasa, de ser el padre de su obra, a ser su hijo… Hasta el punto de decir los críticos e historiadores de él que su vida no cuenta, que lo que cuenta es su obra.

COMO dijo Nietzsche, "el hombre no ama radicalmente más que al propio hijo y la propia obra". Es por lo que yo estaría dispuesto a creer que Dios nos ama: por el amor a su creación.

UNA VEZ que la amenaza de la muerte ha comenzado a desmantelar los refugios del placer, sólo se le puede hacer frente si se tiene un proyecto de creación.

EL ARTE siempre queda aplazado para después, para el final. Y así, qué poco tiempo, qué poca vida nos queda para hacer arte.

EL MUNDO QUE SE ABRE

SI FILÓSOFO ES aquel que se asombra de las cosas de este mundo, según dijo Platón, entonces el buen filósofo sería aquel que se espanta.

EL CORAZÓN da los temas a la cabeza y la llena de zozobra. La cabeza y su filosofía solo aciertan a defenderse a duras penas con la batería de las objeciones. La razón es el filtro del corazón.

GRACIAS sean dadas a quienes nos dieron su pensamiento en pocas palabras. Gracias por ello y porque en su brevedad no nos hicieron perder el tiempo para saber de ese pensamiento y formar con él nuestro propio juicio.

UN FILÓSOFO es el que se pregunta por el sentido de las cosas. Un sabio es el que llega a percibir el lado ridículo de las cosas.

UN AFORISMO no es solo un pensamiento más o menos agudo que te asalta, el aforismo es también toda una cosmovisión que te asalta en forma de aforismo. Y es que el hombre es una consciencia, una caja de resonancia del mundo y de la vida.

EL HOMBRE puede recibir mensajes hasta de una piedra. Pero una piedra, ni siquiera un mono, puede recibir mensajes del hombre. Y encima, con estos mensajes, el hombre puede hacer filosofía y aforismos.

LOS PENSAMIENTOS no alumbran sólo una vez, pero sí una vez única. Porque sus caras, sus irisaciones, su forma, cada vez es única.

CUANTO MÁS necio es el individuo, más palabras y descripciones necesita para hacerse la composición de lo que alguien con inteligencia percibe con el puro acto de la intuición (*in ictu oculi*)... Aforismos.

LOS AFORISMOS no son una sabiduría a raudales, sino, como se ha dicho alguna vez, una sabiduría gota a gota... Según esto, un libro de aforismos vendría a ser como el gotero puesto en la cabecera de la cama del enfermo.

EL AFORISMO es también como la cata de un vino. No hace falta cantidad: todo el sabor, todo el aroma, toda la calidad de un saber, de un sentir, se ofrece y se degusta en él. La cantidad es sólo una cuestión de grosería.

A VECES me digo que la gente se embarca en gruesos ensayos sencillamente porque es incapaz de hacer un simple aforismo.

"LO COMPLEJO es simple", sentenció un filósofo. Yo diría lo contrario: lo simple encierra una gran complejidad y es el fruto de una gran complejidad...

UNO PUEDE ahorrarse, mediante un aforismo, escribir un tratado, pero curiosamente, no hay caminos para ahorrarse una obra de arte.

EN EL AFORISMO, tan importante o más que la idea es el tono. Y es que en su naturaleza de arte, los aforismos tienen un tono, como la música. La idea puede ser incluso vulgar o trivial, pero el tono le da su carácter (filosófico, lírico, sentencioso...).

LA LONGITUD de la expresión está en relación inversa con la fuerza de un pensamiento: a menor longitud, mayor tensión (y viceversa). Los análisis largos ya han perdido todo vigor hasta convertirse sólo en un escudo que fomenta la desidia.

MIENTRAS que la literatura es la descripción de la anécdota, el aforismo es la expresión de la categoría. (El tratado filosófico es sólo el análisis racional de la categoría).

EL HOMBRE no se puede explicar: tendría que ser explicado por sus ideas y deseos, y éstos son cambiantes en cada cual y en cada instante. Por eso, sobre el hombre no pueden hacerse teorías universales: solo pueden hacerse aforismos, pues el aforismo nace necesariamente para el hombre y desde el hombre.

NO SÓLO los versos, sino también la Filosofía, la Ciencia o la Medicina son en el fondo manifestaciones del espíritu poético del hombre.

ASÍ COMO la filosofía es la forma laica de la religión, la poesía es la forma laica del éxtasis religioso.

EL ARTE del aforismo es el arte de hacer joyas con los breves pensamientos, y a la vez el arte de enjoyar con ellos los largos pensamientos.

EL AFORISMO es un ente solitario. Únicamente en la soledad, fuera de contexto, adquiere toda su profundidad y hasta su belleza.

A VECES, con una frase, con una idea, el día queda redimido.

TODA PALABRA que no sirva para modificar la conducta de alguien es una palabra inútil.

DESDE EL inicio de la cultura existen dos clases de filósofos (como existen dos clases de políticos): la del filósofo que dona a los hombres el fuego y la del filósofo pirómano.

HAY ALGO peor que tener un pensamiento estúpido: tener un pensamiento flojo.

LA FILOSOFÍA es una reflexión mediante la cual toda materia extraña se hace próxima y familiar, y toda materia familiar y próxima se convierte en extraña.

EL PENSAMIENTO de un loco, bien mirado, no es más que un conjunto de sofismas. Cuando es capaz de sistematizarlos, es un filósofo. Cuando no, se queda en eso: en loco.

PODRÍA decirse que las obras gigantescas, por propia naturaleza, terminan por derrumbarse con el peso de su enorme estructura. Pero los aforismos, por su mismo volumen y su propia solidez, no pueden derrumbarse.

EL VIAJERO de los espacios interestelares no podrá desvelar cosas mucho más luminosas que el filósofo de provincias recluido en su rincón y que piensa sobre ese mismo viajero y en la vida y muerte de los dos.

LAS GRANDES cuestiones de la vida en general, y de la filosofía en particular, son aquellas sobre las cuales el especialista no tiene mayor idea que cualquier *parvenu...* No hay ciencia tan nueva como la filosofía.

EL ARTE introduce al hombre en la ebriedad universal. La filosofía finalmente lo introduce en la resaca universal.

SI LOS CAMINOS del dolor son infinitos, entonces infinitos son los caminos de la verdad, y por tanto de la filosofía.

UN AFORISMO no es, como podría aparentar, un pensamiento que nace. Es un pensamiento que acaba de morir, porque es la conclusión de una larga vida, de un largo sentir.

UN AFORISMO es un mundo que el autor cierra para sí con un punto, pero es un mundo que se abre para quien lo lee, lo oye o lo oyera leer.

LUEGO SERÁS MEJOR QUE JOVEN

EL AMOR, la belleza y la salud no tienen efectos acumulativos. Curiosamente, la edad, la enfermedad, la fealdad y el deterioro, sí. Estas son la ordenada y la abscisa, el eje de coordenadas, de los procesos de la vida: el verdadero eje del Mal.

SI SUPIERAN a cuánta gente que se burlaba de la vejez he visto envejecer... Parafraseando a Nietzsche, podría decirles a estos jóvenes: ahora eres mejor que viejo, pero luego serás mejor que joven.

NIÑEZ: temor a lo desconocido. Vejez: temor a lo conocido.

TAL VEZ no sea tan impropio aceptar la condición de viejo, sobre todo porque es una actitud pasiva: un dejar hacer y un dejar de hacer.

ES POSIBLE que, en el fondo, un sabio no sea más que un individuo obligado por la edad y la vida a ser sabio. ¿Cómo podríamos decirlo al modo clásico? Sea: *Senectute praestat quod natura non dedit.*

LA MADUREZ es el tiempo de disfrutar los aciertos de la vida. La vejez, como despedida, es el tiempo de meditar sobre los errores de la vida.

EL SIMPLE desearía volver a la juventud para disfrutar, el sabio para rectificar.

EN LA JUVENTUD, el hombre es un torbellino de sentimientos; en la vejez es un pelele de los sentimientos.

QUIEN NO conoce el efecto que produce encontrarse de pronto a un joven de su juventud convertido en un anciano, conoce poco acerca de sí mismo y de la cara oculta de la vida.

TODOS LOS hombres tienen un paraíso perdido; la Humanidad en pleno tiene un Paraíso Perdido: aquel que habían construido sus esperanzas y sus ilusiones.

LA VEJEZ no habrá sido más que una larga *tristia post coito* con la vida.

UNA PERSONA de experiencia es una persona que reconoce todas las barbaridades que ha hecho a lo largo de su vida.

Es UNA LEY invariable que toda persona, cuando recapitula sobre su vida, llega a considerar que no ha recibido en ella todo el reconocimiento que debiera. Y, curiosamente, esta evidencia no invalida para él, sino que refuerza, el derecho de seguir esperándolo (aunque fuere después de muerto).

LA VEJEZ es aquella etapa en que todo lo que te rodea empieza a aparecerte como ajeno. Descubres que tú eres de otras cosas, de otras gentes, de otro pueblo: que tú eres de tu adolescencia, de tu niñez… Y es ahí donde estás tú con tus cosas, con tus gentes. A esas regresas.

NOSOTROS no buscamos el pasado con ayuda de la memoria. Es el pasado el que nos busca a través de ella. Y es que el problema de nuestra memoria está en que no nos olvida, como la justicia… ¿Acaso es que quiere hacer justicia con nosotros?

LA ARQUEOLOGÍA de nuestra memoria nos descubre un mundo inmenso, intenso y mucho más rico, a costa de lo inmediato y su (corta) memoria.

LOS RECUERDOS son fragmentos de la película de nuestra vida en la que las situaciones rodadas, y hasta el propio actor, han ido cambiando a tono con el rodaje continuo de las secuencias posteriores.

LA CABEZA olvida, el corazón no.

LA VIDA del hombre es la niñez y la vejez. El resto es sólo una quimera, porque el resto se vive en quimera (de los amores, de los negocios…)

CADA HOMBRE, en el aspecto emocional, es un ser atado a un recuerdo… Nuestra vida es para otros la memoria de nuestros hechos, y para nosotros la memoria de nuestros sentimientos.

ÉRAMOS JÓVENES y no podíamos adivinar lo que significaríamos los unos para los otros a lo largo de la vida. Ahora, tarde ya, sí lo sé.

CUANDO UNO se hace mayor se da cuenta de la poca diferencia de edad que hay entre sus padres y él, y en general entre padres e hijos. Se da cuenta de que sus padres y él ¡han llegado a viejos al mismo tiempo!

UN VIEJO es aquel que ha conseguido ir superando la mala fortuna de la vida para caer en el infortunio.

ANTES veía las miserias por fuera, ahora las veo por dentro… Vejez.

CON la vejez, es una fidelidad nueva la que te enseña el cuerpo.

CONFORME pasa la vida, uno va llegando con ella y con el cuerpo a un acuerdo de mínimos, cada vez más mínimos.

MIENTRAS los demás venden sonrisas, el viejo las regala.

ACTÚA siempre como si estuvieras haciendo testamento. Verás lo feliz que te hacen todas las cosas. Verás cómo disfrutas con cada una de ellas… Yo, por mi parte, cuando salgo a pasear, lo hago ya como para despedirme de las cosas.

EL VIEJO no quiere morir; no tanto por amor a la vida, cuanto por el vicio de vivir, pues más allá de una costumbre, vivir es un vicio.

FINALMENTE, la verdadera vejez es un proceso de aceptación de la muerte. Puede comenzar a cualquier edad.

LA FILOSOFÍA suele ser un amor tardío en el hombre, pero muy fiel: tan fiel que, cuanto más viejo se haga, más buscará su compañía.

EN MI CASO, estudiar filosofía me ha servido al menos para una cosa práctica: para racionalizar, dosificar y conducir mi propio deterioro. Un paso más allá, el hombre sabio hasta de su propio deterioro sabría sacar provecho (filosófico, claro).

AL TÉRMINO de su vida, los hombres suelen sentir gran desconsuelo: algunos, el desconsuelo de los negocios que podrían haber hecho; otros, de los amores que podrían haber tenido; otros, de los saberes que podrían haber adquirido; otros, la profesión que podrían haber elegido… En definitiva, el tipo de melancolía que se tenga depende del tipo de hombre que se haya sido.

LA VEJEZ y la muerte es más bien un proceso de deconstrucción en el sentido más amplio y literal de la palabra: toda la estructura montada a lo largo de la vida se va desmontando (tus cosas, las personas, los amores…). Al final, todo se va yendo y dejándote, y quedas tú solo, no tanto en medio de las ruinas de ese desmantelamiento, que también, cuanto desnudo en medio del tiempo… en el centro del vacío.

TODA mi vida he estado preparándome para la decepción en la seguridad de que alguna vez llegaría. Ahora que ha llegado, me decepciona que esa preparación no haya servido de nada.

AL FINAL, y desgraciadamente, lo verdaderamente importante para el ser humano, para uno mismo, no es lo que disfruta o ha disfrutado, sino lo que sufre o ha sufrido.

FRAGMENTOS VOLANDEROS

ENTRE LOS HUMANOS, la capacidad de síntesis es un don muy escaso, y ello por la simple razón que supone haber entendido la cuestión y tener en cuenta las partes y sus relaciones. Sin embargo la capacidad de análisis, para lo cual no hace falta haber entendido esa cuestión ni ninguna, ¡tela...!

UN CRITERIO para saber si una obra está acabada no es pensar que ya no le falta nada, sino que, por el contrario, una obra debe pensarse como acabada cuando ya no se puede reducir más sin menoscabo. De aquí que el aforismo es la obra acabada por excelencia.

CUANTO MÁS claras se tienen las ideas, menos palabras se necesitan para decir una cosa. A mayor fárrago de ideas, mayor fárrago de palabras.

DECIR mucho es una manera de no decir nada.

SIN EMBARGO, en mi caso, escribo aforismos solo porque no me gusta hablar (me gusta escuchar). Así que, con ellos digo lo imprescindible.

AFORISMO: una mirada omnicomprensiva.

UN AFORISMO no es solo un pensamiento más o menos agudo que te asalta, el aforismo es también toda una cosmovisión que te asalta en forma de aforismo. Y es que el hombre es una consciencia, una caja de resonancia del mundo y de la vida…

EXISTEN dos formas de pensar: extenderse a conocimientos cada vez más amplios (mediante el análisis) o extraer la savia de lo conocido (que no hace falta que sea extenso): es la síntesis. Pues bien, la quintaesencia destilada de esa savia que está vivificando lo conocido es el aforismo. El mismo Kant escribe toda la *Crítica de la razón pura* y analiza precisamente la Razón buscando cómo son posibles los juicios sintéticos (a priori, en este caso).

DE LA MISMA manera que un ciego necesita muchas más palabras y descripciones para hacerse la composición de lo que alguien con una vista sana percibe de golpe, in ictu oculi, de la misma manera un individuo, cuanto más necio es, más palabras y descripciones necesita para hacerse la composición de lo que alguien con inteligencia percibe con el puro acto de la intuición…

DE MANERA inversa, un aforismo es tal que, cuando se explica, ya no es un aforismo. Es decir, ya no es arte: es un tratado.

¿PARA QUÉ despedazar, dispersar, difuminar el sentido de una idea en un largo ensayo o en prolijos y complejos análisis, con pérdida de tiempo incluida? Escribiendo un aforismo puedes ahorrarte escribir un libro. (En mi caso, sin embargo, creo que escribo aforismos porque soy un vago: por pereza a escribir un ensayo... Aunque no os fieis: cualquier día de estos desarrollo un aforismo en un tratado).

EL EXCESO de lenguaje tiene como objeto, no tanto persuadir, cuanto emborronar.

EL AFORISMO es también la forma de expresarse de quien teme a las palabras, pero sobre todo a las palabras de más: miedo a perderse y a engañarse con las demás palabras.

LOS PENSAMIENTOS hay que comunicarlos ligeros de equipaje, sin el peso excesivo –precisamente– de las palabras... Y es que, como lo que hay que decir es mucho, el arte de decirlo debe ser corto.